Bibliothèque illustrée de la jeunesse.

ALBUM

DES GROTESQUES

a têtes d'Animaux

par moi

Paris. -- Guérin-Muller et Cie, rue du Grand-Chantier, 3

ALBUM

DES GROTESQUES

à
Tetes d'Animaux
Par moi

A ANE

Paisible animal à quatre pattes, et que nous rencontrons portant les provisions au marché. Il y en a aussi d'autres qui n'ont que deux pieds. Ces derniers ce sont ceux que vous voyez tous les jours à votre école, *rester en figure d'âne*, à genoux, au milieu de la classe. Ce sont les paresseux qui ne veulent pas apprendre leurs leçons. Celui que nous vous présentons, et qui a l'air tout penaud de se voir ainsi à genoux devant vous, est le petit Joseph, le plus paresseux de son école, de plus il est curieux et a bien d'autres défauts. Hier, croyant surprendre un secret de son père, et comme il rentrait de l'école ses livres sous le bras, il grimpa sur un tabouret, et voulut regarder dans un tonneau; ce tonneau était plein de mélasse, il s'y prit si maladroitement, qu'il tomba la tête la première dans ce liquide gluant. Il y fût resté asphixié, si on n'était venu promptement à son secours. Dès que cet accident fût connu, les gamins accoururent de toutes parts, avec des morceaux de pain, et se mirent à saucer leurs tartines dans la mélasse dont ses vêtements étaient empreints. Cette prouesse valut le lendemain à Joseph de rester toute la journée en *figure d'âne*.

B BÉLIER

Voici Gillot, le berger du troupeau. Il est entêté, mais pas si bête qu'il en a l'air, et je vais vous en donner une preuve. Gillot le berger du village, devait ainsi qu'un autre jeune garçon, tirer au sort pour la milice. L'intendant qui présidait au tirage avait promis de sauver le concurrent du berger. Il mit deux billets noirs dans la boîte et dit aux deux paysans : celui qui tirera le billet noir partira. Tire le premier, dit-il à Gillot. Celui-ci tire le premier et avale immédiatement son billet.

Que fais-tu, malheureux, lui dit l'intendant. Monseigneur, répondit Gillot avec malice, si le billet que j'ai avalé est noir, celui qui reste doit être blanc ; alors je partirai : vous pouvez facilement vous en convaincre. L'intendant pris au trébuchet, fit grâce à tous les deux.

Vous voyez que Gillot était moins bête qu'il en a l'air.

C COQ

Voici le coq du régiment, voyez-le passer fièrement le cigare au *bec*, et la main fièrement posée sur la garde de son épée. C'est lui qui, rencontrant un jour un conscrit qui, enfoncé dans ses réflexions, avait oublié de le saluer, lui demanda :

Militaire, connaissez-vous la politesse?

Le troupier, tout en se grattant le front, comme pour chercher à se rappeler le nom d'un camarade, finit par répondre :

La politesse... capitaine, inconnue au bataillon...

Eh bien ! fit le capitaine, pour vous apprendre à la connaître, vous ferez quinze jours de salle de police.

Puis, satisfait de lui-même, il continua sa promenade, en jetant à la foule le regard superbe que vous lui voyez.

———

D DROMADAIRE

Animal originaire d'Afrique et se rapprochant beaucoup du chameau, à cause des bosses dont l'a doué la nature. Il est très-utile comme bête de somme, aussi vous le montre-t-on ici, sous les traits d'un brave commissionnaire lequel cependant n'est ordinairement pas bossu.

J'en ai connu un qui, quoiqu'affligé de cette infirmité, ne laissait pas que de faire de bonnes journées dans son quartier. Ce bossu avait un confrère qui était borgne, et qui chaque jour plaisantait notre homme sur sa bosse, ce qui est d'un mauvais cœur. Un matin, le rencontrant de bonne heure, il lui dit en raillant : Eh ! mon ami Jean, te voilà chargé de bon matin ?

Tu crois qu'il est matin, lui répliqua le bossu, parce que tu n'as encore qu'une fenêtre d'ouverte.

Hélas ! le plaisant qui n'avait qu'un œil, n'avait effectivement qu'une fenêtre ouverte.

E ÉLÉPHANT

Un des animaux les plus gros de la création. La mendicité est interdite, mais elle est permise à l'éléphant, témoin celui du Jardin des Plantes, qui tout le jour tend sa trompe au premier venu, afin d'en obtenir du pain, des gâteaux ou du sucre. Son énormité lui donne un air assez majestueux, aussi souvent compare-t-on à l'éléphant les hommes remarquables par leur embonpoint, et qui par cela même veulent se donner un air de supériorité, quoiqu'ils ne brillent pas par l'esprit.

J'ai connu un de ces ventrus qui, recevant un jour un paysan de sa province, venu à Paris pour solliciter, lui demanda, par manière de conversation, s'il y avait toujours bien des imbéciles dans son pays? Il y en a certes toujours, monsieur, répondit le paysan, mais pas autant que lorsque vous y étiez...

Je vous laisse à juger qui devait être sot.

FURET

Animal carnassier et grand destructeur de gibier. Le père furet que vous voyez est un brave propriétaire de Brives-la-Gaillarde qui, dès qu'il entend ce refrain si connu :

Allons chasseur, vite en campagne, du cor n'entends-tu pas le son, ton, ton tontaine, tonton... se lève, et court dans la plaine, le fusil au bras, et prêt à tirer sur le lièvre qui se présentera le premier.

Mais le père Furet en guise de chien de chasse, ne possède qu'un bon chien, il est vrai, mais de la race des Roquets, lequel se met à japper de façon à faire sauver le gibier ; aussi, vous voyez la tête du bon lapin, broutant tranquillement dans les jambes du père Furet, tandis que le roquet est au loin en train de japper après tous les moineaux qu'il aperçoit.

G GRENOUILLE

La grenouille est, dit-on, à Paris, originaire du Cantal; en effet, tous les porteurs d'eau sont auvergnats. Il est vrai, selon moi, que nous ne devrions pas les prendre pour de vraies grenouilles, car s'ils vendent de l'eau, ils ont pour habitude de n'en jamais boire; du reste, ils savent tous la célèbre chanson, dont le refrain vous dit :

Eh ! pourquoi... quoi... boirions-nous de l'eau? sommes-nous des grenouilles...

Aussi ont-ils pris pour patron de leur corporation, disent quelques-uns d'entre eux, ce fameux prince anglais qui, condamné à être noyé, obtint de subir ce supplice, non dans la Tamise, mais bien dans un tonneau de Malvoisie, où il put en boire jusqu'à ce que mort s'en suive !

HUPPE

Place à madame la marquise de Pretintaille. Ce portrait vous représente le type ridicule et prétentieux de ces vieilles marquises qui se glorifiaient de ne savoir ni lire ni écrire, et qui mettaient tout leur orgueil dans leurs vieux titres de noblesse, en voici la meilleure preuve :

Un jour, un laquais ayant conduit la marquise de Pretintaille, sa maîtresse, à l'église, lui présenta son livre de messe, la tête en bas. La digne marquise qui, bien entendu, ne savait pas lire, le tenait de même, et paraissait malgré cela absorbée dans cette lecture pieuse, lorsque quelqu'un lui fit apercevoir qu'elle ne tenait pas son livre comme on a l'habitude de le tenir. La marquise s'empressa de remercier l'obligeant voisin, en lui disant : *mon laquais est si sot !*

Je suis certain, mes enfants, que vous pensez comme moi, que le plus sot des deux, n'était pas le laquais ?

I IBIS

Oiseau d'Égypte qui, autrefois dans ce pays, était regardé comme sacré. La longueur démésurée de son bec, lui donne l'air niais d'un conscrit fraîchement débarqué. Aussi Lazarille en a-t-il fait un *tourlourou*, un véritable Jean Pacot, le même qui était entré au service d'un officier qui, par suite d'une blessure, avait perdu un œil, qu'il avait remplacé par un œil d'émail, qu'il ôtait quand il se couchait. Un jour l'officier le remit à Jean Pacot, pour qu'il le mit dans l'eau, comme ce dernier ne bougeait pas, il lui demanda ce qu'il attendait. J'attends, colonel, que vous me donniez l'autre, répondit Pacot. Cette réponse est bien digne du conscrit à tête d'Ibis, que vous offre ici l'ami Lazarille.

J JAGUAR

Animal féroce, appartenant à la race féline, comme le tigre, est toujours prêt à se jeter sur sa proie. Celui, ici présent que nous avons l'honneur de vous représenter avec la permission de monsieur le Maire..., non, je me trompe, je veux dire de monsieur Lazarille, à l'air, avec son chapeau posé sur le coin de l'oreille, de vouloir écorcher les gens tout vifs, et cependant ceux qu'il a déjà tués, sont appelés à vivre encore longtemps dans ce monde, Dieu merci.

J'en ai connu un, ressemblant fort à celui que vous voyez, un jour il me raconta qu'il avait été insulté par un individu.

Eh bien ! lui dis-je, vous l'avez souffleté !

Non, je lui ai demandé son adresse.

Ah ! et pourquoi ?

Pourquoi ? mais afin de ne plus passer dans son quartier, et d'éviter sa rencontre.

K KAKATOES

Une des nombreuses espèces de perroquets connus, pour le malheur de l'humanité, car cet oiseau est bien l'animal le plus désagréable qui puisse se rencontrer en société, jetant sans cesse des cris à vous *crever* le tympan, et répétant toujours *as-tu déjeuné, Jacquot? oui, oui, oui,* et autres jolies choses de ce genre.

Parmi les hommes, il se rencontre aussi beaucoup de perroquets, c'est-à-dire de gens qui, parlant à tort et à travers, ne sachant souvent ni ce qu'ils disent ni ce qu'ils veulent dire. J'en connais un de ce genre, qui dernièrement tout en pérorant, perdit la mémoire. Un plaisant se leva et dit : fermez les portes, il n'y a que d'honnêtes gens ici, il faut que la parole de monsieur se retrouve.

Pour moi, j'aime beaucoup les perroquets, mais seulement quand ils sont empaillés.

———

L LOUP.

Animal carnassier !

Pourquoi, mes enfants, Dieu permit-il qu'il fût sauvé dans l'arche de Noë, au grand jour du déluge ? C'est lui qui, vous le savez, eut la cruauté de dévorer votre pauvre *Petit Chaperon-Rouge !* Avec quelle joie je me rappelle de toi, charmant petit Chaperon-Rouge. Je te vois encore avec ton petit manteau écarlate, ton petit panier au bras, contenant les galettes pour ta grand'mère, et tombant dans le piége de ce mauvais loup, dont l'appétit était si brutal.... qu'après avoir dévoré ta pauvre *Mère-Grand,* il eut encore le triste courage de te manger toi-même, en te plaisantant sur ses grandes dents. J'aimais le petit Chaperon-rouge, aussi ce mauvais loup, chaque fois que je rangeais mes petits animaux en bois d'Allemagne, était-il toujours mis à la queue de tous les autres, comme devant être dégradé.

M MARMOTTE

Animal très-connu des petits savoisiens, qui viennent mendier leur pain à Paris. Cet animal a la réputation de passer la plus grande partie de sa vie à dormir, aussi le voyez-vous, endormi dans un bon fauteuil, enveloppé d'une vaste robe de chambre, et les pieds devant un bon feu. Quand le sommeil prend la marmotte rien au monde ne serait capable de la dégourdir. Combien avons-nous de gens de la nature de cet animal.

Ceci me rappelle la réponse d'un certain personnage dont la réputation de dormeur était proverbiale.

Un domestique entre un jour dans son cabinet, et le trouve dans la posture que vous voyez, il le réveille, et lui dit que le feu était à la maison. C'est bien, lui répond son maître, avertissez ma femme, vous savez bien que je ne m'occupe pas du ménage, puis il continue son somme.

N NILGAULT

Animal qui tient du cerf et qui est d'une agilité surprenante, aussi l'artiste n'a-t-il rien trouvé de mieux que de le représenter sous le costume d'un coureur de bonne maison, valets que l'on employait autrefois pour porter les messages. Ces coureurs très-souvent n'étaient pas doués d'une très-grande intelligence, je veux vous en citer une preuve. Un jour le seigneur d'un village envoya son coureur, pour commander à un peintre, un tableau pour orner le maître-autel de l'église du pays, le sujet devait être saint Pierre. Le peintre auquel s'adressa le valet, lui demanda si l'intention de son maître était qu'on représentât le saint mort ou vivant. Cette question embarrassa beaucoup le messager, enfin, après longues réflexions, il répondit à l'artiste: ma foi, le plus sûr est de le représenter vivant, si mon maître le veut mort, il pourra toujours bien le tuer...

OIE

Volatile de basse cour, mets de prédilection des disciples de saint Crépin, surtout quand l'animal rôti à point est bourré de marrons et de viandes hachées menu-menu. On dit vulgairement *bête comme un oie!* J'en connais encore de plus bêtes que l'animal en question, c'est monsieur Benoiton, que vous pouvez admirer en personne. C'est ce même benêt que vous voyez et qui, invité un soir par un de ses amis à se tenir prêt à neuf heures pour venir avec lui voir une éclipse, lui répondit le plus sérieusement du monde:

Ah bah! Mon cher ami, à Paris, quand on dit neuf heures, la chose est toujours pour dix heures! Je connais ça moi...

C'est ce même Benoiton qui vous répète à tout propos:

Toi, c'est toi! Moi, c'est moi! Voilà de l'esprit où je ne m'y connais pas?

P PIE

Oiseau de mauvais augure, braillard et discordant. Vous connaissez l'histoire de la Pie voleuse, aussi n'est-ce pas d'elle dont nous parlons. Celle-ci réprésente votre portière, lisez *Pipelette*. *C'est la mère Michel qui a perdu son chat, et qui crie par la fenêtre qu'est-ce qui lui rendra...* C'est elle qui, armée de son balai, est toujours prête à vous le jeter à travers les jambes, quand elle vous surprend jouer dans les escaliers ! Mais plaignez-là, la Mère Michel ; tout chacun a ses peines dans ce monde, et Dieu sait qu'elle a les siennes, la Mère Michel ; la plus grande de toutes, c'est de n'avoir jamais réussi à gagner le gros lot d'une loterie, afin de réaliser son rêve le plus cher, qui serait d'élever un *hospice civil*, en faveur des chats invalides, dont l'inauguration aurait naturellement lieu à la mi-août.

———

QUILO-PILE

Animal de l'espèce des rongeurs. Pourquoi est-il représenté en saltimbanque? c'est ce que j'ignore, mais ce costume original nous rappelle les beaux jours de notre enfance, et avec quel plaisir nous nous arrêtions à écouter les sornettes du pître de la place publique, comme il chantait gaiement le gigot de mouton, qu'il avait volé au grand chef des peaux rouges. Comme il répondait avec niaiserie à son maître qui, en lui reprochant de l'avoir trouvé endormi sous un arbre, lui criait tout en colère: comment, coquin, tu dors au lieu de travailler, tu ne mérites pas que le soleil t'éclaire.

Pardine, patron, répliquait-il en se frottant les yeux, c'est pour cela que je m'étais mis à l'ombre.

Mais laissons ces souvenirs heureux, d'autant plus qu'avec le dernier pître, la gaieté française a disparu de la place publique, comme a disparu le pavé pour faire place au triste macadam!

R RENARD

Le renard est, dit-on, l'animal le plus rusé, il emploie mille détours pour arriver à son but, aussi *Lazarille* l'a-t-il revêtu de la robe d'avocat, parce que cette profession exige beaucoup de prudence, et qu'en général tous les moyens sont bons pour gagner sa cause ; mais très-souvent la réussite n'est pas obtenue, nous vous citerons pour exemple, la réponse d'un avocat auquel le président demandait pourquoi il se chargeait souvent des mauvaises causes. Monsieur, dit l'avocat, j'en ai perdu tant de bonnes, que je ne sais plus lesquelles prendre. Ceci est une plaisanterie de *Lazarille*, qui ne peut atteindre l'honorable corps représenté ici par maître renard, et si, comme le disait en riant le bon roi Henri IV, en parlant d'un avocat normand, qui était resté court en le haranguant ; *il ne faut pas s'en étonner*, les normands sont sujets à manquer de parole ; il faut bien vous persuader, mes enfants, qu'il y a de bonnes gens partout, même parmi les renards.

S   SOURIS

Animal de la race des rongeurs. Celle-ci ressemble à ma pauvre petite Blanchette du pensionnat. En effet, nous autres écoliers nous élevions des petites souris blanches, beaucoup mieux que nos maîtres nous élevaient; ma Blanchette vivait dans la couverture de mon dictionnaire, elle possédait une foule de talents : ainsi elle montait à l'échelle, trainait une petite voiture en paille, se laissait habiller comme celle que vous voyez, pour jouer sur mon petit théâtre en carton, faisait admirablement l'exercice, elle était en un mot la perle des souris blanches, et la favorite de tous mes condisciples. Mais hélas ! un matin en entrant en classe, je la trouvai, ma pauvre Blanchette, teinte en noir, elle était tombée dans mon grand encrier et s'y était noyée. La pauvre petite, elle était cependant si gentille.....

T TAUREAU

Espèce de bête sauvage, quoique civilisée parmi nous. Le taureau est fougueux et d'une force extraordinaire ; les taureaux du genre de celui que vous voyez, sont ces hommes dit *hercules* ou *lutteurs*, ils portent vingt hommes sur leurs épaules, et font voltiger dans leurs mains des poids de cinquante et même de cent kilos comme vous joueriez avec votre simple plume.

Dernièrement je voyais un de ces hommes forts qui, abusant de sa force physique, tourmentait un pauvre petit gamin.

Ce taureau était un Anglais ; un jeune homme tout mince s'avance poliment vers lui, en lui disant: monsieur, vous avez tort d'abuser ainsi de votre force envers un enfant.

De quoi vous mêlez-vous, répondit l'anglais.

Je me mêle de ceci, et ce disant, il donnait au colosse un croc-en-jambes, qui l'envoyait rouler à terre, aux grands éclats de rire des spectateurs.

U URSIN

Petit animal très-friand de poisson, aussi devait-il être naturellement représenté sous la forme d'un paisible pêcheur à la ligne, homme de mœurs douces et paisibles, et d'une grande économie. Je me suis laissé raconter un jour un fait qui prouve que l'on plaisante souvent à tort le peu d'intelligence de ces amateurs de la ligne. Un matin le père Mathieu, avant de partir à la pêche, cacha dans un coin de son jardin cinq cents écus, fruit de ses économies. Son voisin s'en aperçut, les déterra et les prit. Le père Mathieu ne trouvant plus son trésor, soupçonna son voisin, et vint le trouver. J'ai, lui dit-il, mille écus, cinq cents sont cachés dans un lieu sûr, je viens vous consulter pour savoir si je dois mettre ceux-ci avec les autres. Certes, répondit le voisin, et vous ferez très-bien. Dès qu'il fut seul, il s'empressa de reporter les cinq cents écus qu'il avait volés, dans l'espoir d'en avoir mille ; mais le lendemain matin, le père Mathieu ayant retrouvé son argent, s'en saisit, et appelant son voisin. Compère, lui dit-il, le pêcheur à la ligne est moins bête que vous le pensiez.

V VAUTOUR

Ce nom me rappelle celui d'un brave troupier, aussi brave que spirituel. Un jour, le général le fit venir. Il s'agit, lui dit-il, de prendre la ville. Tu te déguiseras en paysan, puis arrivé dans la place, tu te prendras de querelle et tueras le premier venu ; on t'arrêtera, et tu seras sur le champ condamné à être pendu, et comme les exécutions se font hors la ville, c'est là-dessus que je compte pour m'en emparer, puis j'accourrai te délivrer. Alors ta fortune sera faite. Vautour parut réfléchir, puis répondit, ce n'est pas que je ne trouve votre plan excellent, mais toute réflexion faite, je préfère commander l'embuscade, et que vous soyez le patient ; le général rit beaucoup, et renonça à son projet. Quelques jours après, Vautour avait les deux bras emportés, le général comme consolation, lui offrit un louis. Vous croyez donc, lui répondit en riant Vautour, que je n'ai perdu qu'une paire de gants. Ce brave Vautour, dont Lazarille vous donne la *charge*, fait encore la joie de ses braves camarades des Invalides.

Y YARQUE

Espèce de singe, adroit et malicieux, mais gourmand et voleur. J'en ai connu un, Jocko, qui faisait le désespoir des domestiques de son maître, il était plus adroit à dénouer les cordons d'un panier et à enlever les provisions, que son confrère ici présent, ne l'est à faire disparaître et balles et muscades, sur la place publique. Jocko avait une passion pour l'eau-de-vie, rien ne pouvait l'en corriger. Un soir après dîner, la bouteille achevait sa ronde, lorsque au grand contentement du singe, son maître lui fit verser le restant dans une assiette. Tout en gambadant de joie, il se met en posture pour déguster sa liqueur favorite, lorsque le petit Paul, qui rivalisait de malice avec Jocko, eut l'idée de glisser un papier allumé sous le ventre du singe, alors l'eau-de-vie s'enflamme. Aussitôt le Yarque pousse un cri aigu et se sauve dans le jardin, en jurant et grimaçant. De ce jour, il eut l'eau-de-vie en horreur, et il suffisait de lui montrer la bouteille pour le mettre en colère. L'espièglerie de Paul avait guéri Jocko de l'ivrognerie. Hélas ! combien de gens auraient besoin de ce remède.

Z ZÈBRE

Animal qui tient du cheval et du mulet, son nom lui vient de ce qu'il est *zébré*, c'est-à-dire que sa robe est partagée mi-couleur noire, mi-couleur blanche. Le zèbre est d'origine indienne, il est indocile, indomptable.

Mais ne croyez pas que celui-ci soit de ce caractère, c'est tout au contraire un charmant garçon, il y a quelque temps je le rencontrais dans cet accoutrement.

Ah bah ! lui dis-je, cher ami, comment c'est toi, ainsi vêtu.

Hélas ! que veux-tu, mon ami, en sortant d'une soirée masquée du mardi-gras, je n'ai pu retirer mes habits, que j'avais mis chez ma *tante !*... Heureusement que ça passe pendant la grande exposition et que j'ai l'air du *Pied qui remue*, ce célèbre chef des Peaux-Rouges.

Metz. -- Imprimerie de Ch. Thomas.

www.ingramcontent.com/pod-product-compliance
Lightning Source LLC
LaVergne TN
LVHW020047090426
835510LV00040B/1465